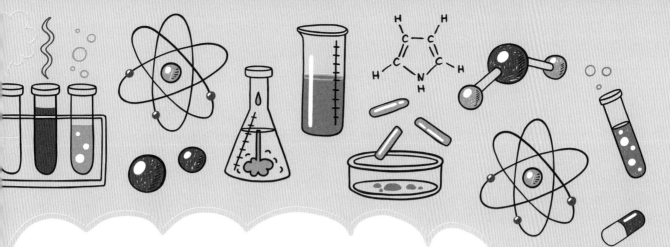

學測化學

陳皇州
林襄廷
施百俊—— 著

承先啟後關鍵科目，自然組與社會組都要搶分！

【本書使用說明】如何準備學測自然科？

各位同學、家長大家好：

　　有個網路迷因這樣陳述學門之間的關係：「生物只是應用化學、化學只是應用物理、物理只是應用數學、數學只是應用哲學。」在學校任教的我們看了莞爾一笑，雖不中亦不遠矣！

　　從這角度來看，化學的確是在生物與物理兩科之間，扮演承先啟後、貫穿學門領域的角色。因此，關於學測自然科，我們一連製作了三套書：《學測物理（上）》、《學測物理（下）》、《學測生物》與最後這本《學測化學》，彼此之間互有關聯、互相呼應，算是坊間最完整的一套跨領域整合教材，強烈建議你三本都要讀。

　　108 課綱實施以來，標榜「素養導向」（literacy-based）。其教育理論相當複雜，但簡單來說，就是要「生活化、脈絡化、跨領域」。「生活化」是指知識要能在日常生活中應用，「脈絡化」是指必須重視知識的前後一貫與因果關係；「跨領域」是指知識必須與其他領域

知識產生關聯，能夠綜合應用。當然，這波教育改革也造成了國家社會的「陣痛」，最大的痛點，也就是大眾不熟悉「素養」這個新名詞。

　　不知道年紀較長、上一輩、上上一輩的讀者還記不記得，以前的國小教育階段有一個科目叫做「常識」（生活與常識？），我特別查了一下國立編譯館的古籍資料，有一冊各課題目包括：食物與營養、鴉片的毒害、公共衛生、甲午戰爭等等。以今日的眼光看起來，每個題目都是跨領域、生活化、脈絡化。

　　咦，那不就是素養導向嗎？也就是說——

素養就是常識！

　　為什麼我們會感到不熟悉呢？是因為在這數十年間，學術分工日漸精密，每個學科領域越來越專精的緣故。舉例而言，本來「食物與營養」一課的內容，現在被分割到化學、生物、健康等科目去了，所以，我們覺得是「跨領域」。再因為，傳授各專門學科知識的時候，也被「去脈絡化」，化學只看到分子，生物只看到細胞……；而且，充斥著專業的術語與公式，並沒有與日常生活相結合。因此，本來應該很跨領域、脈絡化、生活化的常識，被層層包裝，搖身一變成了素養。

　　抽離艱澀的教育理論來看，素養導向的考試與教學像這樣：課本裡講的是 A（知識），希望學生能夠獲得 B（素養），然後在考試中希望測出大學想要的 C（能力指

標）。A ＞ B ＞ C 是個向後包含、越來越小的子集合，可以確實的減輕學生的負擔，讓學生自主學習 —— 這也是 108 課綱的崇高教育理念。

　　然而，「教 — 學 — 考」三階段實務上，範圍性的層次關係卻剛好與理論設計相反：知識來自教師在課本（堂）所傳授的「文本」、素養來自學生的「生活」經驗、考題來自命題者的「想像」。而生活的範圍必然大於文本，想像的範圍必然大於「生活」。A ＜ B ＜ C 卻是一個向前包含、越來越大的母集合。也就是說，如果你光把課堂上所教的 A 學到精熟，你不一定能夠獲得所有的 B 素養；而即使你擁有完整的 B 素養，也不一定能夠應付更複雜的 C 能力測驗（如圖一）。所以，在這幾年的漸進式

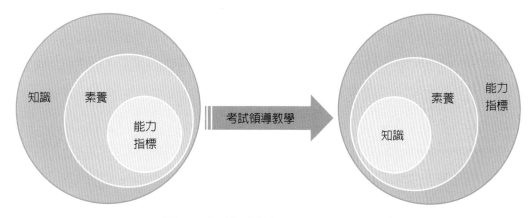

▲　圖一　考試領導教學下的素養導向命題[1]

1　相關說明引自《學測物理（上）》，五南出版。

學測改革過程中，我們會看到許多的題目，根本是課本上、參考書上、命題本上都前所未見的題型；出題範圍也五花八門，上天入地，老實說，用傳統方法——認真上課、讀熟課本、勤做習題——無從準備起。

　　不如，要看穿這一點：考素養就是考常識。

　　因此，**本書並非設計成課本的形式。**市面上的課本太過視覺化，令人眼花撩亂，很難用有脈絡的方式來吸收學習；也不是一般用來摘要重點、練習解題用的「參考書」。**而是想補充課綱裡想要讓你得到的「常識」（素養）。**

　　要將知識轉化為素養，最重要的關鍵工作，就是「探究與實作」，除了理解課堂上所傳授的知識，如科學原理、法則、機制……以外，還要知道當初科學家是如何探究發現這個新知識，在實作的過程中，將科學探究方法內化，成為可以在生活中應用的素養，將它變成常識。舉例而言，在課堂上談到有關細胞的知識，我們還必須知道當初細胞是如何發現的？裡面各種胞器的功能為何？所使用的探究方法。進一步，可以將其應用在生活上。

　　然而，由於城鄉差距、師資、教材等等資源條件不同，各校不見得能夠提供學生充足的探究與實作課程，所以我們也會在本書中儘量補足這一部分。以武俠小說的說法，就是練「內功」，而不是外在花俏的招式，因為學測不會考招式——一般高中教科書（我們比對過三、四家）一定有寫的內容，就不在本書重複了。**閱讀本書時，請務必先掌握課本、課堂上老師所傳授的內容。可能的話，要把課本放在旁邊一起讀，**

效果更佳。

　　接著來理解「學測」。它既然叫做「學科能力測驗」，就是只考「基本能力」（常識）。大考中心希望各大學將學測成績當作入學的「門檻」使用，而不是拿來鑑別學生能力。所以你會看到，近幾年來，臺大、清大等頂尖大學在個人申請階段使用學測成績篩選時，「同燈同分」的人數都很多，甚至必須舉辦第二輪、第三輪的測驗，才能區分出學生的高下。因此，**本書的目標在於幫助你「過門檻」，而不是「拿高分、比人強」**（那是以前的「指考」，以後叫做「分科測驗」的目的）。

　　再來談考試策略。學測採計科目已經改成「五選四（以下）」──國文、英文、數學、自然、社會，各校系最多只能採計四科。於是在教學現場，我們看到有的同學只願意準備（最多）四科，放棄掉其他一、二科。那其實是不太明智的策略。為什麼呢？你少一科成績，能選擇的科系就少很多，真的很可惜。再加上學測只考基本能力，無論你在校是自然組或社會組，大都是高一、高二都已經學過的內容。不考白不考。因此，**本書的內容深度明確設定在「社會組同學也能懂」的程度，請同學千萬不要放棄考自然科，以免白白放棄了幾百個可選的科系。**

　　本書的三位作者是市面上罕見的奇妙組合：陳皇州教授曾任國立屏東大學應用化學系系主任，也是實習暨就業輔導處長，是具有產業實務經驗的化學家，提供主要理論基礎。如果將本書內容比喻成大樹，陳老師就是根本。林襄廷老師是新竹忠信高中的王牌化學老師，她提供最新的教學方法、教材與素養導向的命題，算是本書的枝幹

與花朵。而我施百俊，是國立屏東大學的教授兼教務長，熟悉大學考招制度的變革。再加上大學聯考也考了全國前 1% 進臺大電機，所學橫跨人文社會、商業管理、科技工程，負責提供一些跨領域學習的材料，可以說是點綴本書的綠葉。我們三人一致有一個願望，希望本書能對將要參與大學學測的你有所幫助。

　　一本書的完成非僅作者之功，背後還有數十、數百人的心血與努力。所以，我們想趁此感謝五南出版的黃文瓊主編、李敏華責編，還有當初促成本書寫作的陳念祖主編，以及所有辛苦的出版團隊。如果本書受到肯定，全是他們的功勞。如果內容有所疏漏，都是我們作者的責任，請不吝來信告知： bjshih@mail.nptu.edu.tw

陳皇州、林襄廷、施百俊

2022 年於臺灣

目錄 | CONTENTS

01

物質的組成

1-1 物質的分類與分離

物質的本性是什麼？

從國小到國中所學的知識裡，你已經知道物質是由「原子」組成。但你知道嗎？物質本性與組成曾讓科學家思索好長一段時間，最早可追溯至西元前 400 年左右，留基伯（Leucippus）與他的學生德謨克里特（Democritus）觀察生活中的自然現象，以哲學思辨的方式，提出抽象化的理論。爾後，亞里斯多德提出四元素論，波以耳、拉瓦節、道耳頓等人藉以進一步發展出「原子」的概念，是為最早期的化學家。

化學家利用不同物質的物理及化學性質，將物質區分為純物質（pure substances）與混合物（mixture）；純物質又分為元素（element）與化合物（compound）；依混合物組成是否同一相，分成均勻混合物和非均勻混合物。

物理、化學變化與性質

物質組成時有兩種方式：物理性的混合，或化學變化，分別會影響物質的性質，所以我們必須透過物質組成的方式，認識物質的物理及化學性質。物理變化和化學變

化最大的差異在於：化學變化涉及原子的重新排列，進而產生新物質，而非依據反應的可逆性與否來分別。例如：國中所學的二氧化氮轉變為四氧化二氮反應，很容易由氣體顏色變化觀察到有新物質產生，然而，如同其他大多數化學反應一樣，這個化學反應是可逆的。

　　若要辨認許多生活中常見的例子是屬於化學或物理變化，只要把握「化學變化會產生新物質」，這類型的題目便能夠迎刃而解。例如冷媒作用（物理變化）、人造雨（物理變化）、發光薑或螢火蟲發光（化學變化）、水泥凝固（化學變化）。另外，藉由化學或物理變化觀察得來的性質，稱為化學或物理性質。

純物質及混合物的組成

　　純物質分為元素或化合物，僅由一種原子組成的物質稱為元素，如 O_3、O_2。由兩種或兩種以上原子依一定比例組成的物質稱為化合物，如 NO、NO_2、$C_6H_{12}O_6$。純物質於定壓下的物理性質固定，化合物可以再依化學方法分解得到元素或化合物，元素不能再以一般化學方法再分離。要注意的是，元素僅由「同一種」原子組成，而非指原子的個數——僅由一「個」原子組成。

　　當物質分類為混合物時，因混合物的形成未經過化學變化，所以混合物的化學性

質是由混合時的比例及物質種類而定，也就是混合物仍保有其成分原有性質，但是定壓下，混合物沒有固定的性質，混合物可以再依物理或化學方法分離其成分。請注意：即使有固定溶質及溶劑的比例，如 75% 酒精水溶液、18K 金，都稱為均勻混合物，不視為化合物。

物質的分離方法

科學家為了想知道物質的本質，利用物質的物理和化學性質，發展出許多種物質分離的方法。如物理方法：蒸餾、分餾、結晶、萃取、過濾。化學方法：電解、燃燒、沉澱。

以下針對萃取、蒸餾和薄層層析等三種方法進一步說明，但要注意，混合物經過分離後，不一定會得到純物質。

（一）萃取

不同溶劑萃取效果不同，若使用揮發性高的溶劑，可提高萃取濃度。

（二）蒸餾

實驗時應注意以下幾點：

1. 沸點低的物質會先汽化，再冷凝於收集瓶內。蒸餾瓶內會殘留沸點高的物質。

2. 藉由溫度計測量物質沸點，故溫度計末端需置於蒸餾瓶分叉口處。

3. 冷水由冷凝器下方進入，冷卻後，冷凝器中冷水溫度上升，由冷凝器上方流出。

4. 利用沸石或攪拌子使溶液均勻受熱，避免突沸。

（三）薄層層析

實驗時應注意以下幾點：

1. 請以鉛筆畫橫線，若使用其他筆將影響實驗成果。

2. 色筆試樣點越小，越可避免試樣重疊，分離效果就越好。

3. 避免溶劑（展開液）蒸發，燒杯需蓋上培養皿。

4. 色筆試樣點必須高於展開液，避免色筆溶入展開液中。

物質的狀態

提到物質的狀態，你可能會立即想到物質三態 —— 固態（solid, s）、液態（liquid, l）、氣態（gas, g）。這三態會在不同的溫度和壓力形成；物質也不一定只有三態。

我們以微觀粒子模型說明物質狀態間的差異，固態粒子間有較強的引力。而當溫度提高，粒子能量及移動速率增加，粒子便可自由移動，粒子間距離增加，成為液體。若溫度再升高，則再成為氣體。反之，溫度降低時，氣體粒子的運動速率和能量減少；

或是壓力增加，則使氣體粒子間距離變小。所以低溫高壓時，氣體粒子可能會彼此吸引而形成液體。

物質的相圖

　　仔細比較 H_2O 和 CO_2 的三相圖（如圖二），我們可以發現兩者主要差異是固－液共存曲線的斜率：H_2O 為負、CO_2 為正。也就代表當壓力增加，H_2O 的凝固點降低、CO_2 凝固點增加，而兩者沸點都隨壓力增加而增加。生活中可見的例子如：在高山上煮食物，水看起來沸騰，但事實上水溫未達到 100℃。大部分的物質三相圖接近 CO_2 三相圖，也就是固－液共存曲線斜率為正，凝固點和沸點都隨壓力增加而增加。請注意不同壓力、溫度時，物質的狀態變化。

　　聽過無咖啡因的咖啡嗎？從咖啡萃取出咖啡因的處理方式之一，就是利用 CO_2 超臨界流體。請注意 H_2O 和 CO_2 在特定溫度（臨界溫度）及壓力（臨界壓力）時，會出現「非氣相也非液相」的一種均勻相，那就是「超臨界流體」。藉由調整溫度及壓力，使超臨界 CO_2 將咖啡因溶出，萃取後的 CO_2 能輕易地與咖啡因分離，無毒也不殘留。

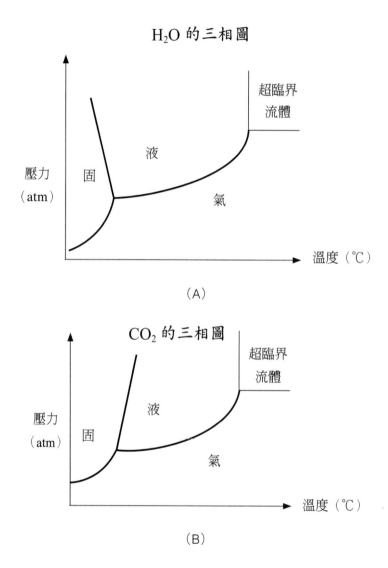

▲ 圖二 （A）H_2O 的三相圖 （B）CO_2 的三相圖

跨領域素養 ▶▶ 動態均衡

在化學課中，我們學到物質有三態：固態、液態、氣態，再加上超臨界流體。在物理課裡，我們學到還有一個「電漿態」：在高溫或強電磁場裡，物質的正負電荷會分離，成為一種離子化的氣體，所以又稱為「等離子態」。說明物質狀態的相圖，也是學測裡常出的熱門題目。因此，同學常會有一個誤解或疑惑：在特定溫度和壓力下，物質是否只會有一個狀態？舉例而言，我們可不可以說：在日常生活（常溫常壓）中，水是液態；如果在冰箱冷凍櫃中，水會凝結成冰，所以它是固態？

這句話可以說「半對半錯」，或者說「答案要看你從那個觀點來觀察」。以佛家的說法就是「非有非非有」，不是「非黑即白」式的區分法──

怎麼說呢？從「巨觀」的角度來說，水是液態、冰是固態，絕對沒問題。但是從「微觀」的角度來說，就不是那一回事了。

我們必須回顧一下曾經學過的「動態平衡」觀念。以微觀的角度來看，如果拿個（想像中的）顯微鏡來觀察常溫常壓下的水，你應該會發現，有些水分子正在汽化（脫離分子間作用力的拘束），從液態變成氣態；同一時間，也有些水分子正在液化（被分子間作用力捕捉），從氣態變成液態。也就是說，氣液兩態同時共存。只不過，汽化的數量與液化的數量相當，達到動態的平衡。因此，拿掉顯微鏡大致可以說，常溫常壓時，水是液態。

用微觀角度來觀察冷凍櫃中的冰，也是一樣的道理。同一時間，有些水分子正在固化，有些水分子正在液化、甚至是汽化。整體而言，達到動態的平衡，大致可以說，冰是固態無誤。

溫度或壓力改變，其實是在改變物質的動態均衡點。比如說將冰加熱，會造成更多的水分子液化（更少的水分子固化）；一直到超過冰點，幾乎所有的水分子都液化了，極少水分子會固化。所以，固態的冰就變成液態的水了。水會變成水蒸氣，也是同樣的道理，都是動態均衡的改變。

要描述動態均衡，最好的工具是數學裡的統計與機率。但這都超過學測的範圍，等你進到大學裡，有興趣再去鑽研吧！現在只要有一個觀念，統計上「總體」會呈現的狀態，「個體」不見得都是（反之亦然）。也可以說，如果個別事物（個體）的狀態是由機率所決定，不見得其他個體也都是這樣。

具體而言，你賭骰子，一點到六點出現的機率大概都是 1/6。如果賭的次數夠多，就會出現一種動態平衡，總體而言，每種點數出現的次數趨近 1/6。如果有人作弊，將骰子灌鉛，就會改變動態均衡點，使得某些點數出現的機率升高，某些點數出現的機率降低。然而，你仍然不知道下一次擲骰子會出現啥點數，個別試驗（個體）結果完全是機率決定。

再更微觀的角度來看，我們在物理課裡已經學過量子論了（還沒買《學測物理》的同學請快買）。連一個基本粒子的位置、動量都是機率決定，要問物質 100% 是什

麼狀態，其實沒太大意義。

本書寫作當下，全球正籠罩在 Covid-19 的陰影下。大家對於「確診」（篩檢「陽性」）這個名詞也有相當程度的誤解。比如你身在疫區，環境中有病毒，有些病毒正在進入你體內、有些病毒沒法順利存活（複製）、有些病毒正在被抗體殺死……各種可能性都是同時存在，就像物質的狀態一樣，是動態平衡問題。當體內的病毒量要高過某一個水準，才有「可能」被篩檢出來。總體而言，我們說某人不幸「確診」了，就像我們說常溫常壓下，水是液態一樣。

當今世界所面對的最嚴重問題就是極端氣候。我們在生物課裡學到，大自然有些機制會產生溫室氣體，比如生物呼吸；有些機制會消滅溫室氣體，比如植物光合作用。一增一減，以前總是維持著一種動態平衡。但是由於人類製造太多溫室氣體，破壞掉這個平衡態，以致溫度不斷上升，就產生極端氣候了。

管理組織也可以用上動態均衡的觀念，比如校長想要提高全校同學的化學素養，鼓勵同學讀《學測化學》，改變動態均衡點──有些同學讀懂了，素養提高；有些同學不讀，所以素養沒有提高。個別行為都無傷大雅，我們只要總體上學測成績平均提高，也就行了。

拿到人類社會來說，有一些好人，有一些壞人，很難「總體而言，這社會是好是壞？」，不如用動態平衡的觀念來理解，有些好人正在學壞，有些壞人正在變好。如果正邪勢力相當，就能維持動態的平衡。如果邪不勝正，動態均衡就會往好的方面移

動，變成更好的社會。如果社會良善的力量抵不過邪惡的力量，動態均衡就會往壞的方向移動，變成更糟糕的社會了。

在個人的修為上，也鼓勵大家要有動態均衡的概念。有時候我們心裡會有好念頭，比如「我今天一定要好好讀化學。」有時候我們心裡會有壞念頭，比如「我今天耍廢一下可以嗎？」許多念頭不斷的在心裡正邪交戰，有時候好念頭贏了，你就過了積極充實的一天；有時候壞念頭贏了，你就過了沒有意義的一天。我們並沒有辦法將壞念頭澈底從腦中清除，所能做的，不過是想辦法將動態均衡往好的方向移動，即使只有一點點也行。那麼，總體而言，就能過上有意義的人生。

1-2 基本定律與原子說

　　國中時我們就學過：近代化學之父拉瓦節推翻燃素說，並於 1777 年提出質量守恆定律。道耳吞於 1803 年提出原子學說，解釋原子概念。在此之前，科學家對物質發生化學變化時，反應物和產物的比例關係說法，又有哪些重要的學說呢？

　　首先是普魯斯特在 1799 年提出定比定律，意涵是：每一種化合物，無論此化合物來源為何，其組成元素的質量比是固定的。而道耳吞提出的原子學說可解釋質量守恆定律和定比定律，並於 1804 年再提出倍比定律：兩種元素形成兩種或兩種以上的化合物時，將這些化合物其中一個元素的質量固定，則另一元素的質量將會成簡單整數比。在此需要注意，定比和倍比這兩個定律的前提假設不同，定比定律強調一種化合物內元素質量比；而倍比定律則是強調兩種元素之兩種或兩種以上化合物的元素質量關係。也要理解原子說的核心概念：「原子不能再分割」。所以，透過定比定律及倍比定律，可以進一步了解化學變化中，原子重新排列組合的方式。

　　1808 年，給呂薩克提出氣體化合體積定律：同溫同壓下，各種氣體反應時，消耗與生成的氣體體積，呈簡單整數比。當時給呂薩克以氯化氫氣體分子的形成作為解釋，但卻與原子說的內容矛盾。一直到 1811 年，亞佛加厥提出「在相同的溫度和壓力下，相同體積的任何氣體分子的數目都相同」、「氣體分子皆由數個「原子」組成」兩項假設，才得以解決。所以，亞佛加厥所提出的這兩個假設，就稱作「分子說」，用以解釋分子的概念。

跨領域素養 ▸▸▸ 近代化學奠基的時代

　　拉瓦節（A. L. Lavoisier, 1743-1794）驗證質量守恆定律，建立了定量分析方法，被稱為「近代化學之父」。接著，普魯斯特（J. Proust, 1754-1826）提出定比定律；道耳頓（J. Dalton, 1766-1844）提出倍比定律，並進一步整合三者的學說，提出原子說。他們三人先後奠定了近代化學的基礎，他們生活的時代，又呈現出什麼樣貌呢？

　　先從拉瓦節說起，他出生於法國巴黎的律師家庭，算是貴族世家——這種出身如果再早一、兩代，絕對可以終身富貴。可惜的是，他出生在革命前夕，埋下了悲劇的種子。年輕的拉瓦節先進了巴黎大學法學院取得律師資格，同時又對自然科學感興趣，發表了許多科學論文，才 25 歲的年紀，就成為法蘭西科學院的院士（這可是法國科學家最高的頭銜喔），也算是兼修自然與人文的跨領域大師。

　　因為他就是這麼優秀，所以被國王路易十六任命為稅務官。為了有效徵稅，當時規定，如果稅務官所徵收的稅，扣掉應上繳給國王的份額，所剩下的都可以自由運用（經濟學上這叫「誘因相容」）。在這種制度下，可想而知，一般的稅務官都會橫徵暴斂，想盡辦法榨乾人民的每一毛錢，所以往往遭到人民的痛恨。拉瓦節收入頗豐，卻沒警覺到這筆收入拿了會出事，將這些剩餘的稅款大部分都投入了科學研究。他的重要科學發現，也都是擔任稅務官時期所提出來的——基礎科學研究沒錢免談。

　　更天真的是，他為了把稅務官的工作做好，還提出了許多稅務改革方案。最著名的是，因為當時商品（鹽、菸草等）進城銷售，必須要向政府繳稅，於是他提議修築

巴黎城牆，杜絕走私 —— 這項作為如果以今日的眼光來看，很難說有什麼不對；但是看在當時被稅吏盤剝的小老百姓眼裡，卻是十惡不赦的行為。所以，當時就有人扭曲他的想法，說修築城牆會汙染空氣。（很荒謬對吧？）還有人說拉瓦節會在菸草上灑水增加重量（灌水，菸草是秤重論稅），以盤剝百姓。但其實，拉瓦節收稅是以乾菸草秤重，然後再灑水以免失火……凡此種種，不一而足。於是人民對稅務官的仇恨值越來越高，怒火終於在法國大革命時爆發了！

1789 年 7 月 14 日（現在的法國國慶日）爆發的法國大革命，可以說是影響近代民主人權發展最重要的第一件大事。從古時候的聯考，到如今的學測都很愛考，同學們應該多留意。正值中年的拉瓦節遇上了這場大變故，鄉民的怒火直指向稅官。拉瓦節明明委屈，卻有苦說不清，於是在 1794 年，和其他無良稅官一起被送上了斷頭臺，悲劇性的結束了成就輝煌的一生。那年代歐洲最偉大的數學家拉格朗日（提出拉格朗日近日點）說：「他們只一瞬間就砍下了這顆頭，但再過一百年也找不到像他那樣傑出的腦袋了。」[2] 民主和民粹只有一步之遙，科學在其面前是多麼的卑微！

眼看著拉瓦節的教訓，普魯斯特的一生可以說非常單純而低調，他就乖乖地待在學院裡做研究。法國大革命，他就躲到鄰國西班牙的大學，繼續他的研究。沒想到，後來法國皇帝拿破崙掌權，發兵入侵西班牙。當地人遷怒到普魯斯特身上，衝進大學燒了他的實驗室，並把他驅逐出境。在政治面前，科學家真的毫無容身之地啊！

2　維基百科：拉瓦節。

　　法國還有另一位大文學家普魯斯特（M. Proust, 1871-1922），他晚了化學家普魯斯特一百年。在查找資料的時候很容易搞混，同學要注意。有機會再介紹這位意識流大師。

　　道耳頓身處隔著海峽的英國，較未受到法國大革命後，拿破崙席捲歐陸的影響。他一生都是貴格會（基督教派之一）的虔誠信徒，非常規律、專注的信奉上帝並且投入科學研究。化學成就課本有，我們就不複述了，他也研究氣象（地球科學的一支），數十年間，每天早上六點準時開窗量氣溫，以至於鄰居太太不用雞啼、鬧鐘，就能夠準時起床做早餐。

　　道耳頓是色盲，所以，有很長一段時間，色盲被稱為道耳頓症。他去世時，遺願遺體要留做科學研究，有四萬人前來悼念。（科學家很喜歡這樣做，比如邊沁留了屍體給倫敦大學，愛因斯坦留了大腦。）1990 年科學家還抽了他的眼液，發現少了色素細胞。

　　第二次世界大戰時，曼徹斯特大轟炸，毀掉了他所有的研究紀錄。二十世紀最偉大的科幻小說家艾西莫夫感嘆：「不是只有活人才會在戰爭中被殺害。」[3]（喜歡科學的同學可以讀艾西莫夫的小說，都有中譯本，帝國和機器人系列都是經典中的經典，他所預測的未來，都一一發生中。）

　　那個時代，西方世界最重要的大事就是法國大革命及其後續影響。那讓我們把眼

3　維基百科：道耳頓。

光調離歐陸，望向東方，發生什麼事呢？

　　清朝正經歷「嘉道中衰」。歷經康熙、雍正、乾隆三朝盛世，乾隆晚年將皇位交給嘉慶皇帝。史上最大的貪官和珅雖然被扳倒了，但是他背後龐大的官僚貪腐系統已經根深柢固了，那時，朝鮮使者甚至說：「大抵為官長者，廉恥都喪。」[4]當官的人出巡、接見、生日、節慶……大家都要送紅包。你收我也收，不收的人反而被排擠。已經沒有人在乎廉恥這兩個字要怎麼寫了。國家貪腐，沒有不敗亡的。嘉慶年間，白蓮教、天理教……等接連作亂。接下來的道光年間，終於爆發了鴉片戰爭（1840），敲響了清帝國的喪鐘。

　　哈佛大學費正清教授回顧這段「嘉道中衰」的歷史，「1800 年左右的中國經濟不僅與歐洲經濟處於不同的發展階段，而且結構不同，觀點迥異……技術水平則仍停滯不前，人口增長趨於抵消生產的任何增加。」[5]就是科技沒有進步，但人口卻一直增加，陷入了馬爾薩斯式的陷阱──人口增加、糧食沒增加，「坐吃山空」。

　　還記得嗎？這時拉瓦節在研究農業生產和稅制改革，還改良了火藥配方，近代化學已經奠下了穩固的基礎。此消彼長，造成了今日東西方的巨大差距，重讀這個時代的歷史，能不令人感慨嗎？

4　維基百科：嘉道中衰。
5　維基百科：嘉道中衰。

一、某物質的三相圖如下圖，試回答以下問題：

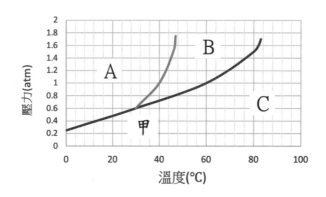

1. A、B、C 對應的物質狀態分別為何？

2. 請寫出甲點稱為何者？此時物質的狀態是？

3. 此物質的正常沸點為何？

4. 大氣壓力增加時，熔點及沸點如何變化（增高或降低）？大氣壓力對沸點還是熔點的影響較為顯著？

5. 在 1.0 atm 時，溫度由 0°C升高為 50°C是何種狀態變化過程？若再升高至 80°C，此物質會再發生何種狀態變化過程？

二、小南回想起高一化學課時，曾進行一項有趣的實驗，當時的實驗是這麼進行的：以黑色
　　水性彩色筆在圓形濾紙中心畫上一圈，再將濾紙凹折，濾紙展開後將中心覆蓋於水面，
　　如此一來，可以觀察到黑色圓圈的顏色分離現象，而實驗結果顯示：黑色分離出綠、黃、
　　紅、紫、藍色（依據各色離黑色圓圈距離長短排序）。

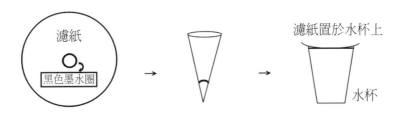

1. 請問此實驗稱為？
2. 請預測：若將黑色水性彩色筆更換成黑色油性彩色筆，顏色分離的情形是否更明
　 顯？並說明原因。
3. 請排序各色（綠、黃、紅、紫、藍）對濾紙吸附力的大小關係。

02

物質的形成

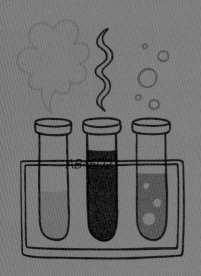

2-1 原子的結構與元素週期表

1878 年，英國克魯克斯利用一種放電真空管來觀察陰極射線，稱作「克魯克斯管」，相較於過去科學家所使用的真空管，克魯克斯管能降低更多的氣體含量、氣體壓力。陰極射線是什麼呢？有兩派科學家，一派認為是電磁波、另一派認為是粒子，爭論許久。

1897 年，湯木生（J. J. Thomson）根據陰極射線的三項實驗（障礙物、風車、外加磁場），推導出陰極射線是一束具有質量且帶負電荷的「粒子」，是所有原子都具有的基本組成粒子之一，並將其稱作「微粒」，也就是現在我們所知的「電子」。湯木生認為，原子可能是充滿正電荷的球體，並且有同數目並帶負電荷的電子均勻地鑲嵌其中，這就是葡萄乾布丁原子模型（或稱西瓜模型）。有趣的是，1927 年，湯木生的兒子佩吉特（G. P. Thomson）證實了，電子也是波，推翻了老爸的看法。

湯木生所提出的原子模型被湯木生的學生拉塞福所推翻。拉塞福原本以 α 粒子進行散射實驗，想驗證葡萄乾布丁原子模型。他假使原子內部結構如果像葡萄乾布丁模型所描述，那麼，以 α 粒子（質子，質量比電子大很多）撞金箔時，都應該以近乎直線的方式通過原子。這個假設很合理，因為「大車（質子）撞小車（電子）」，不會偏離原來的軌跡太多啦！

但是實驗結果與預期不太一致：極少數的 α 粒子有大角度的偏折，甚至有 180°

的散射。拉塞福的思考方式是這樣：可能是「大車（質子）撞大車（質子）」了，於是提出核原子模型——α 粒子因為撞擊到原子內一體積很小、質量很大、帶正電的中心，所以有極少部分 α 粒子以大角度偏折散射。這樣的中心就是原子核。

　　然而，拉塞福提出的「核原子模型」，在當時有很大的疑點：依照古典電磁學，繞核轉動的電子是一種加速度運動（請想想物理學），電子會釋放電磁輻射，並產生連續光譜，最後電子會再墜落在原子核上，結構是不穩定的。但事實上，原子結構很安定，且光譜是線光譜（非連續）。所以，1913 年，波耳 （Bohr） 提出的氫原子模型（或稱行星模型），認為電子繞原子核，在特定的軌道上進行圓周運動。

　　也有科學家質疑氫原子模型：在穩定軌道上的電子為什麼不會放出電磁輻射？且，這樣的假設只能解釋單電子原子的原子光譜，後來，近代科學家便改以量子力學、機率的方式描述電子的行為（原子軌域）。

　　接著，科學家流行以不同種類的原子來進行 α 粒子散射實驗，並從中討論不同的實驗結果。因此，拉塞福和查兌克分別在 1919 和 1932 年發現了質子、中子。（詳細探究過程請參考《學測物理》）

　　同學們讀到這邊，應該會發現，關於原子內部結構的理論，是由很多科學家建立模型後，又再被推翻或修正。值得思考的是，如果你是科學家，所提出的假設被推翻，有貢獻嗎？貢獻又是什麼？而若發現自己的實驗結果和當時最推崇的學說假設不同，應該怎麼做呢？

2-2 化學鍵

　　是什麼力量讓原子（離子）和原子（離子）之間形成穩定的分子、化合物，進而形成各形各色的物質呢？我們稱這樣的原子間作用力為「化學鍵」。當不同原子間形成不同化學鍵時，便生成物質特有的性質。

　　我們了解，原子可以再分割。所以當化學反應發生時，美國科學家路易士認為原子間的結合有規律性的變化 —— 原子核外電子的排列會滿足鈍氣原子的電子數 —— 八隅體規則，而形成化學鍵。像是 Na 原子的電子排列是（2, 8, 1），Cl 原子的電子排列是（2, 8, 7），而當 Na 與 Cl 原子結合時，經由原子的外層電子得失（轉移），Na 失去最外層電子形成 Na^+ 陽離子，電子排列為（2, 8）（如 Ne），Cl 得到最外層電子形成 Cl^- 陰離子，電子排列為（2, 8, 8）（如 Ar），這樣的物質利用無數個陰陽離子相互吸引的靜電作用力，形成離子化合物。若是要將這樣的物質熔化或汽化，則需要更多的能量，因此具有高熔、沸點的性質。通常這樣的物質是由金屬陽離子或銨根離子（NH_4^+ 化性類似金屬）和非金屬陰離子組成的離子化合物。

　　若是由相同或相異的兩個原子以共用價電子的方式形成八隅體，這樣的物質通常是由非金屬原子組成，我們稱作分子化合物或共價化合物。分子化合物不帶電荷，作用力大小不一，不同環境條件下有不同物質狀態。另外由共價鍵組成的共價化合物，則是由無數個原子和共價鍵組成，具有高熔點、高硬度、不導電（除石墨）的特性。

　　金屬原子間的鍵結方式則不同於離子化合物或共價鍵的價電子得失或共用。金屬原子的價電子因受帶正電荷原子核吸引力小，因此容易釋出。金屬陽離子排列規則，就像沉浸在價電子海中。此類交互作用力就稱為金屬鍵。

　　透過熔點大小的觀察：共價網狀固體＞離子化合物＞金屬＞分子化合物。但其實，形成離子鍵和共價鍵的鍵能是差不多的，甚至金屬鍵的能量只有共價鍵或離子鍵的1/3，為什麼熔點會差異如此明顯呢？這是由於「團結力量大」，也就是共價網狀固體、離子化合物和金屬是由許多的原子組成（連續性結構）的物質；而分子化合物是以分子為最小單位來結合的關係。

跨領域素養 ▶▶ 歸納性理論

　　十九世紀開始，關於基本粒子的了解從哲學性的探討慢慢跨入了科學實證的階段。大家都同意，原子是組成物質的基本粒子，那，原子的結構又是如何？詳細發現過程，我們放在《學測物理（上）》（五南出版），請自行參閱，在這，我們只簡要敘述。

　　法拉第在真空玻璃管中施加電流，發現陰極和陽極之間有一道發光電弧，命名為陰極射線。接著，湯木森在陰極射線上施加磁場，從轉彎偏折的方向，推定這道射線是帶負電的粒子流。從質量看出，這種粒子比原子還小，而且每個原子都有，後來命名為電子。

　　但是，原子是電中性的，如果其中有負電粒子，那勢必得要有正電粒子，電性才

會平衡。假使正負電粒子是均勻分配於原子結構內，如同湯姆森提出的「葡萄乾布丁」模型，那麼，用 α 粒子射進去，應該會有相當數量的 α 粒子產生「少許的」偏折。但拉塞福實驗的結果卻不是如此，他發現會有極少數的 α 粒子會以大角度偏折，幾近反彈。也就是說，原子中有大部分空間是「空的」，質量高度集中於十萬分之一的區域，稱之為原子核。如果將整個原子比喻為棒球場，原子核只占投手丘上一枚硬幣大小。

　　拉塞福於是提出原子就像太陽系，電子是像行星一般，繞著中心的太陽，也就是原子核來運轉。這個模型後來被不斷的擴充，變成了行星模型，更衍生出了電子殼層的概念——電子依離原子核的距離順序，分布在不同的殼層軌道上，最外層就叫做價殼層——這變成了近代化學中，關於化合物及共價鍵理論最重要的理論基礎，至今仍然適用，這也是本章節的主要內容。

　　但同學一定要明白，隨著量子物理學的進步，科學家漸漸明瞭，原子結構，尤其是電子的運轉模式，真的不是這樣的！

　　電子與六種夸克，目前被視為物質最基本的粒子。已經無法用單純的牛頓力學線性關係來闡述其運動方式。二十世紀初，海森堡提出「測不準原理」，大意是：粒子的位置與動量不可同時被確定。也就是說，電子的位置與運動軌跡並不是可確定的，比較適合以「機率」描述。

　　白話文就是，電子「有可能出現在所有的地方」，只不過，每個地方的機率不一。

大致來說，離原子核較近的位置，電子出現的機率比較大；而離原子核比較遠的地方，電子出現的機率比較小。甚至，離開原子的範圍，電子也有可能出現，只不過機率小到幾乎不可能罷了。如果以墨色濃淡來表現電子在每個地方出現的機率，看起來像一朵圍繞著原子核的雲，簡稱為「機率雲」（又比較像一坨布丁了）。

也就是說，電子殼層論並不符合量子物理的理論與觀察事實。更進一步所衍生出的「八隅體」說，也是一樣，只能說是從巨觀（非量子微觀）角度來觀察，以「歸納法」得到的理論。然而，不可否認的是，這些理論解釋力很強，又很好記憶、學習、應用、推理……所以在過去的一百多年間，始終在化學課本上占有極重要的地位。

離開了自然科學的領域，這類不盡符合觀察與主理論（master thoery）的歸納性理論（或假說）就更多了──

經濟學上有「理性」（rationality）假說，是整個古典經濟學的基礎。這個理論認為人是理性的，可以做功利計算、衡量利害，然後憑藉理性做出對自己最有利的選擇。這個理論既強又有力，符合一般對人性的觀察，也能導出非常多有用的子理論；然而，又禁不起更細緻的檢驗：人真的常常不顧利害、只憑一時的衝動與感性行事啊！（比如這本書的作者群都是一時衝動答應寫書，完全沒想到版稅很少！）

佛法歸納出：因為「無常」，人生很苦。生老病死苦、怨憎會、愛別離、求不得種種大苦──你看這個理論多麼有力，又符合一般性觀察。但是，你若想為它找出什麼科學根據、理論說明，卻又不太可能。對嗎？

素養題

　　在我們的生活周遭有許多常見的化合物，例如塑膠、食鹽與金屬三種不同的物質，雖然看起來都是固體的樣子，但是它們在許多物理及化學性質上卻有很大的不同，其實我們很容易就能夠分辨出這三者在硬度、光澤及導熱性等性質的巨大差異。然而造成這些性質差異的主要原因在於其物質的化學組成與結構。一般常見的固態化合物為共價化合物、離子化合物及金屬材料，請問你知道這些固態物質中的化學鍵結有什麼不一樣嗎？共價化合物中會有離子鍵嗎？而離子化合物中會有共價鍵嗎？

03

物質間的反應

3-1　化學式

　　科學家利用化學式和化學反應式表達完整的化學變化，再根據不同反應物和生成物的種類與特性，以不同的化學式來表示，包括：實驗式、分子式、示性式、結構式。

　　概略來說，若將組成物質中各成分原子「最簡單整數比」，以元素符號表示的化學式稱為實驗式，也可稱為簡式。

　　分子式則是表示純物質：一分子中「實際」所含的原子種類及數目。

　　示性式有特別標示分子具有「特性結構」的化學式（官能基）。

　　結構式是將分子中各原子實際的「鍵結情況」表示的化學式（要小心，無法以結構式得知「真實結構」，真實結構要由球棍模型表達）。

　　以醋酸為例，其簡式為 CH_2O，分子式為 $C_2H_4O_2$，示性式為 CH_3COOH，結構式為 （結構圖）。我們可以從簡式觀察物質的原子種類組成；若將其原子量總和計算所得為 30g/mol（$12 \times 1 + 1 \times 2 + 16 \times 1 = 30$），則稱為式量。通常以元素分析（燃燒法），得知元素重量百分比組成後求出物質的實驗式。離子化合物、共價網價固體和金屬皆以大量原子或離子組成，故以簡式表達之。

　　將分子式內原子之原子量加總所得為 60g/mol（$12 \times 2 + 1 \times 4 + 16 \times 2 = 60$），稱為分子量。由於簡式是分子式簡化，所以分子量應為式量的整數倍。我們在計算時，若知道物質的簡式和分子量，便能知道分子式。

　　有時簡式和分子式相同，卻不一定是同一種物質，例如乙醇和甲醚的簡式和分子式 C_2H_6O。就化學式而言，要由示性式和結構式判斷，這樣的物質稱為同分異構物，有同樣的分子式，但結構性質都不同。

3-2　化學反應的原理

　　化學反應式能完整的描述化學變化。在化學式中，我們一般會以箭頭符號代表反應的方向，並放在中間的位置。箭頭左邊是用來進行反應的「反應物」，而箭頭右邊則是反應完成後的「生成物」，也就是產物。

　　接下來最重要的觀念就是「平衡」。宇宙間的萬事萬物均講求平衡，在我個人的學習歷程中，平衡可以說是用於理解自然科學的過程中用到最多的一個觀念。化學反應必須遵循的兩個重要原則：「質量守恆定律」與「能量守恆定律」。質量守恆定律指的是，當發生化學反應時，所有參與反應之原子的種類與數量，在反應發生的前後必須相等。能量守恆定律指的是，參與化學反應的能量，可能會有能量形式上的轉換，但是其能量的總和也是不變的。因此，為了達到化學反應的平衡，我們就會在反應物及生成物的前面加上適合的係數，以完成化學反應式的平衡。

　　此外，由於核反應牽涉到原子的破壞，所以比較不適用於質量守恆定律，而要依循適用範圍更廣、愛因斯坦所發現的「質能互換定律」。

3-3 化學計量

　　化學計量的目的是為了探討化學反應中,各個物質在反應前後的定量關係;更是體現質量守恆定律的重要方法。質量守恆定律告訴我們,宇宙間的物質不會憑空增加或消失,也就是說,化學反應前的所有反應物的質量加總,與化學反應後的所有生成物的質量加總必須相等。因此,我們必須在反應物及生成物前面加上係數,也就是「化學計量數」。

　　透過加上適當的化學計量數,才能使參與化學反應中的物質在反應前與反應後,達到質量及電荷的平衡。一個已經達成平衡的化學反應方程式,具有廣泛的用途,例如:我們可以藉由反應方程式中的比例,預測一個化學反應中,所需要的生成物或即將產生的產物的質量有多少。化學工廠也可以先設定希望能生產出來的生成物之產量,就能夠知道需要投入多少的反應物。因此,化學計量對於定量分析化學,以及計算反應速率的化學動力學而言,具有非常重要的意義。

3-4　化學反應熱

　　依據能量守恆定律，參與化學反應的能量，在反應的前後亦須保持恆定——總體能量不變，但是能量可以被轉換為不同的形式，比如：化學鍵能、熱能、光能、電能等形式呈現。

　　就如同質量一樣，能量也不會憑空生成或消失。在一定的溫度及壓力條件下，物質中所含有的所有能量稱之為「焓」，或叫做熱含量。物質經過化學變化後，其能量的形式可能會有所改變，即所謂的化學反應熱「$\triangle H$」——化學反應後產物的熱含量總和，減去反應物的熱含量總和。由化學反應式來看，$\triangle H$ 是由後者的總熱含量減去前者的熱總含量，所以，當化學反應熱大於零時，稱之為「吸熱反應」，需要額外提供能量才能使反應發生。若是以熱能的方式提供能量，反應發生後，會使得周遭的溫度下降。

　　相對的，當化學反應熱小於零時，稱之為「放熱反應」，化學反應會放出能量，例如放出光線、或是放出熱能使周遭溫度上升。我們在冬天時經常用到的暖暖包，就是利用這樣的原理，可以在一定的時間內提供熱能，而讓我們感到溫暖。

跨領域素養 ▶▶ 化學鍵中的量子鬼

　　八隅體說是用來理解化學鍵形成原理的好工具：所謂離子鍵就是一個原子「想要」取得電子來滿足八隅體，另一個原子「想要」失去電子來滿足八隅體。所謂共價鍵就是兩個原子「想要」共享價電子──非常符合「完形」心理學的描述，簡單來說，人類在看到不完整的資訊（圖形、文字等）時，會自動想要「腦內補完」（網路用語叫「腦補」），想像成「物」與「人」一樣，會「想要」補充完整的構型。

　　然而這樣的說法有潛在的問題。因為「物」並不是人，本身並不會「想要」變成什麼理想的樣子。用物理學的思考方式來說，世間萬物必定遵循幾條基本的物理定律，並不容許慾望、「想要」變成什麼理想狀態的解釋方式。以離子鍵形成為例，原子才不會「想要」得到或失去電子，是因為電子的運動必須遵循熱力學定律，「能趨疲」，總是朝向最低能階的狀態來前進──就像水往下流，流向位能最低的所在。多了價電子的原子（比如 Na）和少了價電子的原子（比如 Cl），在茫茫空間中隨機相碰撞，多餘的價電子忽然發現有個地方能夠有更低的能階狀態，於是就跑過去填滿那個空缺了。由於電磁力互相吸引的緣故，兩個原子核被迫得牢牢連結在一起，形成離子鍵。也因此，形成離子鍵通常會釋放出能量（發熱）；想要打斷離子鍵，通常要加入能量（吸熱）。你看，用物理定律來解釋很合理，一切都說得通（不見得要用虛構的想像），但解釋起來比較麻煩就是了。

　　在物理學上，我們學過宇宙間只有四種力：重力、電磁力、強作用力、弱作用力。那，化學鍵用來連結原子的力，屬於哪一種？

　　強作用力、弱作用力都只作用在原子核內，顯然不是；電子和原子核的質量都很小，重力在化學鍵中的作用可忽略。所以，化學鍵必定是一種電磁力。

　　如果是電磁力，就必須遵循「庫侖定律」（Coulomb's law）：電荷間的交互作用力與電荷乘積成正比，與距離平方成反比。然而，我們在許多化學教材上都看到類似這樣的描述「離子鍵的強度和形成鍵結的離子電荷強度成正比與離子距離成反比」[6]，顯然與庫侖定律不符，這又怎麼解釋呢？

　　這也是八隅體說容易導致的矛盾。因為課本常將那些化學鍵中的價電子，畫成夾在兩個原子中間；示性式也常用橫線來代表價電子，讓我們誤以為，價電子是牢牢的、靜止的被固定鑲嵌在原子間。所以，電荷之間（電子與原子核、電子與電子）的距離是「固定」距離，用庫侖定律就可以定量算出來了！

　　這是錯的。

　　錯在哪？大家一定不能忘記，化學鍵是在微觀、次原子的層次，必須將量子論考慮進來才是適當的做法。先前我們曾經說過，電子的位置和運動只適合用機率雲來描述，是動態的、飄忽不定的。化學鍵中的電子絕對不是被固定在某個位置。因此，單純用庫侖定律要來描述巨觀尺度的化學鍵強度，做不到。同理，若說離子鍵的強度與

6　https://highscope.ch.ntu.edu.tw/wordpress/?p=14212

離子距離成反比，也不盡正確。因為原子核間距離比較確定，而與電子間的距離不確定。（好討厭的測不準原理啊！）

在這個學習階段，關於化學鍵的強度，應該用定性描述比較適當：離子鍵的強度和形成鍵結的離子電荷強度成正比，與離子距離「大致上」是反向變動，離得越遠，強度越小；離得越近，強度越大。

量子論離開自然科學，也被廣泛的應用在人文與社會領域上。雖然不見得符合科學基礎，但總是教會我們，凡事不能盡如人意，人世間總有些事是機率決定的，沒有確定性可言。

比如，你在適當的時間、適當的場合，遇到了你心目中理想的另一半（價電子數量剛好），當然有希望結為連理（形成化學鍵）。兩人之間連結的強度就跟兩人彼此的愛（電荷強度）成正比，但和你們之間的「距離」反向變動。如果是物理距離（一個住臺灣、一個住美國），可以用庫侖定律直接平方反比說明。如果指的是心理距離，由於不確定性機率作用（有時愛有時不愛），我們只能說「大致上」是反向變動，離得越遠，強度越小；離得越近，強度越大。（這樣會不會跨領域得太牽強？）

這段討論是想給同學後面的學習一些啟示：化學反應說穿了，都是電子的交換。凡是涉及電子狀態的描述，就要停下來多想想。量子的鬼魂在裡面。

素養題

一、氫氧燃料電池是一種零汙染排放的環境友善發電裝置，利用添加燃料來產生電力，
其反應方程式如下：

$$2H_2 + O_2 \rightarrow 2H_2O + 2e^-$$

所以雖然氫氧燃料電池稱為電池，但不像其他一般電池一樣需要充電。其發電原
理為：氫氣在電池的陽極藉由催化劑將其氧化，產生兩個帶正電的氫質子及兩個帶負
電的電子。氫離子通過電解液移動到陰極與氧氣反應生成水分子；而帶負電的電子則
經由電路前往陰極並形成電流，進而產生電力。氫氣就是所謂的「燃料」，而氧氣就
是「氧化劑」，所產生的物質就只有電流及水分子，完全不會有汙染的疑慮，真是超
級棒的發電方式！

請各位同學想一下，若是我們增加燃料電池所需要的燃料，那是否就可以增加氫
氧燃料電池的發電量呢？

二、在炎炎夏日吃冰是很棒的事情，這是因為我們口中含著冰涼的冰品時，會讓我們
覺得非常涼爽，暑氣全消。不過在這裡，請同學思考一下，當我們口中含著冰塊
時，我們口中所發生的熱量傳送行為，應該是屬於吸熱反應，還是放熱反應呢？

04

溶液

· · · · · · · · · · · · · · · · ·

4-1 溶液的種類與特性

什麼是溶液呢？

　　一般人的腦海中，談到溶液，第一時間的想像可能是一杯含有某種溶解物的水溶液。但若以化學家的角度而言，我們認為溶液是指由兩種或兩種以上的純物質混合而成的均相混合物。含量最多的那一個物質通常稱為「溶劑」，而其他的物質就被視為被溶解在溶劑中，稱之為「溶質」。當然，溶液中的各個物質也有可能出現含量相同的情形，而不易定義哪一個為溶劑或溶質。這時候，我們就會將常被當作溶劑來使用的物質稱為溶劑，例如在混合物中有比較大量的水，或是水與其他溶質含量相近時，通常水就會被視為溶劑，並稱為「水溶液」。

溶液的種類與狀態

　　因此，由兩種以上的純物質混合，則可構成溶液，而且包含固態及氣態的混合物，都可以稱為溶液，可以隨意混搭，不一定必須是液態。氣體、液體或固體都可能可以互相溶解而形成氣態溶液、液態溶液或固態溶液。固態溶液以固體作為溶劑，可以溶

解氣體、液體或固體；液態溶液以液體作為溶劑，同樣可以溶解氣體、液體或固體。想當然爾，聰明的同學可以推論出氣態溶液就是以氣體作為溶劑。沒錯，但要注意的是，氣態溶液的溶質是以氣體為主，有些學者主張氣態溶液其實應該是一種混合物，不屬於溶液的範疇。

　　溶質溶解在溶劑後，以微小粒子的型態存在於溶液中。有些溶液看起來非常透明，看不出有任何微粒懸浮在溶液中，稱為「真溶液」。真溶液所含粒子的直徑大小約為 10^{-10}m（原子大小），例如食鹽水溶液。若是像牛奶或是養樂多等飲料，溶液呈現不透光狀態，則可稱為「膠體溶液」。這樣的溶液中所含粒子的直徑大小約為 10^{-7}m~10^{-9}m 之間。若是溶液中所含粒子直徑更大，在 10^{-7}m 以上者，那就是所謂的「懸浮液」了。

4-2 水溶液的濃度

　　溶質在溶劑中的含量稱之為「濃度」，在化學的領域中，濃度有許多不同種類的表示方法，濃度單位也有許多種類，都是為了精準的表達或描述樣品溶液中溶質的數量與狀態，以避免在進行化學計量等科學探究活動時造成誤解：

1. 體積莫耳濃度（Molarity, M）

　　通常以大寫的 M 表示，其定義為：每 1 公升的溶液中，所含有之溶質的莫耳數。由於溶液的體積會隨著溫度變化而改變，故體積莫耳濃度（M）會受溫度變化的影響而改變。此外，若溶質或溶劑的原子量改變，則其莫耳數也會隨之改變，故體積莫耳濃度（M）也會受原子量的變化而改變。

2. 重量莫耳濃度（molarity, m）

　　通常以小寫的 m 表示，其定義為每 1000 公克溶劑中，所含有之溶質的莫耳數。如同（M）的例子一樣，若溶質或溶劑的原子量改變，則其莫耳數也會隨之改變，故重量莫耳濃度（m）同樣也會受原子量的變化而改變。

3. 重量百分濃度（Mass/weight Percent, P%）

　　通常以百分比％表示，其定義為每 100 公克溶液中，所含有之溶質的公克數。

4. 莫耳分率（Mole fraction, X）

　　通常以羅馬字母 X 表示，其定義為溶液的總莫耳數中，溶質占有之莫耳數比例。

5. 百萬分之一（**Parts Per Million, ppm**）

通常以英文字母 ppm 表示，其定義為每 1,000,000 克的溶液，所含有之溶質的公克數。

4-3 溶解度

　　在固定的條件下，一定量的溶劑能夠溶解溶質的最大量，就是溶劑對此一溶質的溶解度。通常以每 100 公克的溶劑作為基準，看看能夠溶解多少克的溶質？而當這個溶液達到其最大溶解度時，我們就可以說這時的溶液已經成為「飽和溶液」了。要小心的是，「在固定的條件下」這句話，溫度及壓力的變化是容易溶解度的重要變因，尤其是固體和氣體溶質在液態溶劑的溶解度。例如：在溫度比較高的條件下，對於固體溶質溶解在液態溶液的溶解度有很大的幫助，不過，若是遇到氣體溶解在液態溶劑的狀況（例如氧氣在水中的溶解度）時正好相反，較高的溫度會使得氣體在溶液中的溶解度降低，因為氣體在溶解過程會進行放熱反應。相對的，較高氣體壓力則有助於提高氣體在溶劑中的溶解度。

　　所以，當人體血液中出現溶氧不足的缺氧情況時，醫務人員會視情況給予高壓氧治療，以提高血液中的溶氧度。此外，溫度及壓力對於液態溶質溶於液態溶質的溶解度的影響則相對小得多。

素養題

　　對於一些缺乏水資源的國家和地區而言，海水淡化處理技術可以將溶解在海水中的鹽分，利用蒸發或是逆滲透的方式將海水中的鹽分濃縮，而生產出含鹽量很低的脫鹽水，以及含鹽量很高的鹵水。脫鹽後的海水水質可以提供日常民生用水如飲用水、或是灌溉等農業用途，但是其缺點是需要消耗大量的能源。

　　若將等量的海水與純水以半透膜隔開，水分子可以自由通過半透膜，但不允許鹽分通過，在維持固定溫度及氣壓且不提供外部能量的情況下靜置一段時間後，請問海水及純水的鹽濃度、蒸氣壓及水位會發生什麼變化？

05

化學反應

5-1 氧化還原反應

　　傳統上，早期的人們認為「氧化」就是表示物質與氧產生結合反應；相對的，如果物質的成分中失去了氧氣，那就代表發生了「還原」反應。但隨著化學領域的研究不斷深入，已經沒有辦法完全解釋所觀察到與氧化還原反應具有相似特徵的反應。現代的科學家們便試著重新以更廣義的角度，定義氧化還原反應為「物質間進行電子轉移行為」的一種現象。物質因為失去電子，或是與氧結合而提升物質的氧化態，則稱之為氧化反應。相對的，若是物質因為獲得電子，或是氧離開原物質而降低物質的氧化態，則稱之為還原反應。這類電子傳遞過程需要兩個不同能量的電子軌域相互配合——可以將電子想像成一顆棒球，由投手所投出的這顆棒球必須具有適當的能量，以產生適當的速度與飛行距離，才能夠讓捕手接住。

　　ATP 是生物體內重要能量分子，就像是能量貨幣一樣，對於生物體維持生命現象具有極其關鍵的地位，而我們的身體擁有一個以膜蛋白為主體的電子傳遞鏈，用非常有效率地將高能電子的能量逐步釋放出來並轉換形成 ATP 供給細胞使用。化學熱力定律告訴我們能量不能夠被創造或毀滅，但是可以被轉換成不同形式。要是有人站在高樓的樓層上，即具有較高的位能（就像高能電子一樣），此時若要釋放位能，第一種可能方式是由高樓一躍而下，快速釋放位能。但若能量無法轉化成可利用的形式，在短時間內作用於生物體，將如同爆炸般造成生物組織的嚴重傷害，非死即傷。然而，

　　我們體內的電子傳遞鏈就像是一個設計精巧的能量階梯，藉由細胞膜上各個蛋白質傳遞電子，就像讓高能電子逐步走下階梯，並慢慢釋放能量。電子傳遞鏈藉由在電子傳遞過程中所形成的細胞膜內外氫離子濃度梯度差異，將電子能量釋放的過程轉化為化學能，最後帶動 ATP 合成酶，以高效率的方式生產 ATP，當年的我就是被生物體的精巧設計推坑，讓我由傳統化學一頭栽入酵素化學的研究領域中。

5-2 水溶液的酸鹼反應

在日常生活中，我們經常直覺式的藉由一般的五官感知，對於周遭的物質進行初步的判定，例如溫度、硬度或氣味等。但是當物質融入水中後，酸鹼值就比較不容易藉由觀察而得知。一般而言，酸鹼的定義大約有三種，同學經常混淆。

酸鹼一般通性

通常我們認為酸性物質的通性包含具有酸味，使石蕊試紙變為紅色、可與鹼產生中和反應，並於溶解於水中時生成氫離子 H^+；而鹼性物質的通性包含具有苦澀味，使石蕊試紙變為藍色、可與酸產生中和反應，並於溶解於水中時生成氫氧根離子 OH^-。

阿瑞尼士學說

瑞典化學家阿瑞尼士觀察到酸性物質及鹼性物質溶於水中形成水溶液後，分別釋放出氫離子 H^+ 及氫氧離子 OH^- 的電離現象，並使得水溶液產生良好的導電性質。

布－洛酸鹼學說

　　後來，丹麥化學家布忍斯特與英國化學家洛瑞，則分別對阿瑞尼士所提出的酸鹼理論說法做出修正。「布－洛酸鹼學說」定義，酸鹼反應其實是一種在兩個物質間進行質子的轉移。當質子在兩物質間轉移時，提供質子的物質被定義為酸，而且提供質子能力越強的，就是越強的酸。相對的，接受質子的物質則被定義為鹼，接受質子能力越強的，就是越強的鹼。這兩個物質必須同時存在並形成「酸鹼共軛」的相互關係，缺一不可。也就是說，酸鹼反應必定是由一對酸物質與鹼物質反應，生成另一組的酸與鹼。所以在布－洛酸鹼學說定義下的酸及鹼，已經跳脫了我們在一般認知下所定義的酸性物質及鹼性物質通性。例如：氨 NH_3 溶解在水中形成水溶液時，水會轉移一個質子給氨而形成 NH_4^+，因此，原本我們所認知的中性物質「水」這時候已經扮演了酸性物質的角色，而形成由水所形成的 OH^- 就成為了水的共軛鹼；而氨 NH_3 因為接受了質子，所以扮演了鹼的角色，而所形成的 NH_4^+ 則成為了氨的共軛酸。所以，中性分子及陰離子在不同的情況下，既可以是酸也可以是鹼，也就是所謂的「兩性物質」。

　　水溶液中的酸鹼性質通常使用在水中的氫離子濃度來表示。丹麥化學家索任提出使用 pH 值的概念來具體描述水溶液中的酸性或鹼性的程度，其中 p 定義為 -log，而 H 則為氫離子濃度，所以 pH 值的數值計算方式為 $pH = -\log[H^+]$。相對的，若以水中的氫氧離子濃度來表示酸鹼度，則 pOH 值的數值計算方式為 $pOH = -\log[OH^-]$。

　　在水溶液中，若將酸與鹼混合後，酸性物質所釋放的氫離子 H^+ 與鹼性物質所釋放的氫氧離子 OH^- 會進行結合，形成水分子 H_2O，這樣的反應將會減少水溶液中的氫離子 H^+ 與氫氧離子 OH^- 濃度，進而使溶液的酸鹼性值趨於中性，這樣的反應稱為「酸鹼中和反應」，或是「酸鹼反應」。

素養題

一、請問下列這個化學反應式是屬於哪一種反應呢？

　　$HCl\,(aq) + CH_3COO^-\,(aq) \rightleftharpoons Cl^-\,(aq) + CH_3COOH\,(aq)$

　　1. 氧化還原反應

　　2. 核反應

　　3. 酸鹼反應

　　4. 沉澱反應

二、請問 Cu^{2+} 元素符號右上角的 2+ 是什麼意思？可以寫成 +2 嗎？為什麼？

06

生活中的化學

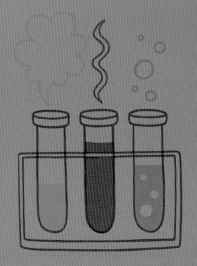

6-1 生物體中的分子與化學大小事

化學與我們的生活息息相關。它除了是一門基礎自然科學外，在生活、醫藥、科技、環境與能源……等各方面的應用都十分重要，尤其是與生物體有關的化學。生物體內就像是一個大型的化學工廠，隨時都有化學反應在發生與終止。如此精巧的化學平衡，讓生物體展現多采多姿的生命現象。人體就像是一部不斷維持著「動態平衡」的精密機器，一直嘗試著以最佳效率的模式運作著。藉由飲食等方式，攝入具有較高能量的物質「食物」，藉由體內的酵素系統及相對少量的能量貨幣如 ATP，將大分子的化學物質拆解後，進行回收或重新組合。食物中的分子及能量轉換成為讓身體可以利用的形式，以及產生更多的能量 ATP，讓生物體維持生命現象並保持健康。

碳水化合物

醣類又稱為碳水化合物，其分子式為 $C_nH_{2n}O_n$，依照其結構及組成可分為單醣、雙醣及多醣，不單是我們吃起來甜甜的糖果或麥芽糖而已。事實上，這些碳水化合物在生物體中以許多不同的形式存在，例如葡萄糖、蔗糖、果糖、肝醣及澱粉等，是生物體中是非常重要的能量來源。人體中有許多酵素可以用以降解醣類，使其轉化為簡

單的單醣，以利於細胞的吸收利用。

　　葡萄糖是六碳糖，為具有六個碳原子的單醣，可以藉由血液輸送至全身，供身體細胞所利用，為生物體最重要的能量來源。動物細胞通常會將葡萄糖轉換為肝醣儲存在肌肉中，若是儲存空間滿了，胰臟會分泌胰島素，葡萄糖會被轉換為脂肪酸及三酸甘油脂，堆積在內臟及皮下組織中，造成肥胖等健康問題。因此，即使葡萄糖對於生物體具有非常重要的地位，但若是長期過量攝取碳水化合物或醣類，使得人體中的胰臟來不及分泌足夠的胰島素，或是身體開始對於胰島素的反應產生鈍化（胰島素阻抗），無法有效地將血糖濃度降至標準範圍內，就會發生血液葡萄糖濃度過高的情形，即是常聽到的第二型糖尿病。如果不進行治療，短期內會影響視力及產生傷口不易癒合的情形，長期的併發症則會有心視網膜病變（失明）、心血管疾病（心肌梗塞）等嚴重後果。

　　果糖則是另一種結構的單醣，主要存在於水果或蜂蜜中，甜度很高、容易吸收且不會造成血糖的上升（因為它根本就不是葡萄糖嘛！），因此一度被認為是很健康的醣，並適合給糖尿病患者使用以取代其他糖類。事實上，果糖雖然不經由胰臟代謝，也不易刺激胰島素分泌。它只能由肝臟代謝，造成人體肝臟合成的脂肪明顯增加。因此，若食用水果過量，則非常容易產生過多的脂肪並累積在肝臟中。目前，果糖已經被證實是造成脂肪肝的重要因素，並與心血管疾病有相當高程度的關聯性。

　　綠色植物利用光合作用產生葡萄糖，植物細胞進一步將葡萄糖合成為澱粉，並以

澱粉作為能量儲存的主要形式。澱粉是由大量葡萄糖所組成的聚合型碳水化合物，人類主食如米飯、麵粉中的營養成分都是屬於此類，經人體內的酵素降解為簡單的葡萄糖後加以吸收利用。因此，攝取米飯、麵條、麵包或饅頭等食物，也會導致血糖升高。

纖維素也屬於聚合型碳水化合物，是許多植物與藻類細胞壁的主要成分。纖維素在地球上的含量非常豐富，是科學界在生質能源領域中重要的發展方向之一。由於人類與牛、羊等草食性動物不同，人體中缺乏可將纖維素降解的酵素，因此，纖維素無法如同澱粉一般被人體分解吸收利用。纖維素也是塑膠及材料等領域中重要的工業原料。此外，人體需要纖維素來刺激腸胃道的蠕動，以促進身體代謝順暢，維持健康。

氨基酸與蛋白質

常見的氨基酸約有 20 種，可以分極性、非極性、帶有電荷及具有環狀結構等類型。就像班上同學中，有人比較活潑外向（極性），有的比較內向害羞（非極性），有些具有強烈的個人特質（帶電荷），有些體型較為壯碩（具有環狀結構）一樣。氨基酸之間以胜肽鏈互相連接並經過折疊後，就形成有功能的蛋白質。由於蛋白質由 20 種不同的氨基酸所組成，就像是擁有 20 個字母，且長度可長達數百字母的文字串，造就了蛋白質千變萬化的種類與特性。不同種類的蛋白質都具有各自獨特的胺基酸序列，就像每個人都有自己的個性一樣。也由於蛋白質具有執行生物化學變化的魔力，

所以生物體才能夠展現生命多采多姿的姿態與能力。同學們常聽到的「酵素」或「酶」就是指具有催化生物化學反應能力的蛋白質。

生物體內，化學反應的總和，即為所謂的「生物代謝」，隨時都被酵素及抑制劑的濃度與生物能量 ATP 精密地調控著，確保人體這部精密的生物化學反應器能夠順暢的運作。

脂質

聽到這兩個字，腦海中浮現的第一個畫面可能是肥滋滋的肥肉吧！事實上，脂質的種類相當多，先以簡單脂質及複合脂質兩種做代表，來說明這類物質在生命體中扮演的角色。

顧名思義，簡單脂質由碳、氫、氧三種元素所組成，基本結構包含了一個含有甘油的頭部及由三條長鏈脂肪酸組成的尾部，也就是大家常聽到的三酸甘油脂。它是動物及植物油脂的重要成分，常出現在我們的餐桌上，過量攝取將會造成心血管及其他嚴重的疾病。複合脂質其實也沒有多複雜，與簡單脂質相比，其實就是頭部多了磷酸的成分，使其呈現親水的特性；而尾部則是由兩條長鏈碳所形成，屬於高度疏水的性質。

　　複合脂質是同時具有親水端及疏水端的兩性分子，使其成為生物體內細胞膜構造的主要成分。由於疏水性作用的強大力量，使複合脂質的尾端相互吸引結合形成脂雙層。脂雙層的外部為親水性的複合脂質頭部組成，可穩定的存在水分子環繞的極性環境中；而脂雙層內部巨大的疏水性則可以阻擋極性分子（如水或其他帶電荷的分子）通過或滲透。這樣精巧的設計使得生物體內的細胞可以穩定的生長及運作，並形成胞器、組織甚至器官等高度功能性專一化的結構。

跨領域素養 ▶▶ 細胞裡的充電站──線粒體

　　英國倫敦大學榮譽教授尼克·連恩形容生物使用能量的方式[7]，就像代幣與吃角子老虎機。ATP 就像一枚能量代幣；而生物體內的各式蛋白質機器就像吃角子老虎機。每投入一枚 ATP，就有一個蛋白質機器被改變狀態，像轉動吃角子老虎一次，類似從 OFF 切換成 ON（活化），可以作功，發生化學反應。如果你想讓吃角子老虎機再轉一次，就得再投入一個代幣。

　　而 ATP 代幣本身，就會被撕開、折斷、就像入站剪票一樣失效，變成一個 ADP 和一個無機磷酸鹽（PO_4^{-3}，簡稱 Pi），並且釋放能量（移轉到蛋白質機器上），整體而言，是個熵增過程。如果想要逆轉這個過程（熵減），就得從外界添加能量（吃下食物、氧化、燃燒食物），再將 ADP 和 Pi 合成起來，重新「充電」（真的是充電），

7　《生命之源》p.110。

變成一顆新的、未使用過的 ATP 代幣。這個雙向過程，可以簡寫成：

ATP ↔ ADP + Pi + 能量

ATP 釋放能量的過程比較直覺、容易理解。

反向重新充電的過程，就沒有那麼直覺了——主要發生在細胞裡的充電站「線粒體」裡面。

如果把 ATP 的尺寸比喻成一個人的身高，線粒體的大小大概相當於一座體育館。在這座體育館裡面，正在舉辦著校園社團博覽會，各社團無不使出渾身解數、花招百出的想要招募新生。ATP 作為一個新生，穿過粒線體的外膜（體育館門窗），走進體育館，馬上看到非常興奮激動的學長姐們（蛋白質分子），在體育館內衝來衝去，有的扭動、有的顫抖、有的轉動……（只差沒有尖叫聲），這就是熱力學上分子運動的實況，一鍋騷動的濃湯。但是，ATP 心有所屬，完全不理會那些它不感興趣的社團，直入線粒體的深處，碰到了蛋白質組成的呼吸複合物（氧化還原中心）——金風玉露一相逢，更勝卻人間無數，就是講這回事了。

在複合物的前端，食物中的氫原子被拔出來（其他分子都不要），形成一個電子和一個質子。電子會被複合物另一端的氧所吸引，在複合物之間跳躍。（氧對電子來說，有致命的吸引力，所以這類化學反應才叫做「氧化」反應。）這一連串的電子跳

躍，牽涉到量子物理中的電子穿隧效應（tunneling effect），跳往哪裡？跳多遠？純粹是機率作用，沒法預測。反正我們知道，最終它是向著蛋白複合物的另一端點前進。整體來說，「歸功於這一條用蛋白質與脂質組成的電線，是它們引導著電子流，從食物流向氧氣。這就是呼吸鏈的世界。」[8]

這一條電子流從線粒體外膜一直往內流，沿路打開流經的蛋白質機器，蛋白質不斷的變形、裂縫開合……最終，把質子送出腺粒體內膜。

還記得嗎？最初是一對質子和電子，兩者一正一負，電荷相反。電子往內流，質子就往外流。

於是，線粒體在膜兩邊建立了質子（濃度）梯度，形成了電位差（H^+就是酸離子，你要說是酸鹼度差也可以啦！）人體大概有四十兆細胞，每個細胞有幾百幾千個線粒體，所有線粒體的膜表面積攤開大約一萬四千平方公尺，和洋基棒球場差不多。他們不斷的把質子往外送，每秒可以打出 10^{21} 個質子，大約就是宇宙間的星球總數。所以，我們說人體內有大千世界，誠不虛也。

線粒體的內膜只有幾奈米厚，內外形成的電位差約一百到兩百毫伏特，相除之下，電場強度非常高。如果放大成人體比例，相當於每公尺有三萬伏特，與閃電差不多，或者是家庭用電的一千倍。

8　《生命之源》p.119。

這股驚人的電動勢會推動一臺蛋白質製的奈米發電渦輪，也就是 ATP 合成酶。你可以想像成水力發電廠中的發電渦輪機，被位能差造成的水流沖激，快速的轉動起來。ATP 合成酶也是一樣，被電位差造成的強大電子流狂衝，激烈的搖晃、旋轉、碰撞……進而緊緊的抓住在線粒體內部濃湯中漂浮的 ADP 和 Pi，把它們結合起來 —— 最後這段尚未知確實的機制，比較像魔術。但我們可以確定，每 10 個質子沖過 ATP 合成酶，就會合成出三個 ATP 分子。

人類微工藝的頂尖選手「台積電」目前擁有的三奈米製程，絕對做不出這種微型充電站。但，這種奈米工程技術，連毫無智慧可言的細菌、古菌、微生物都有，神奇的程度絕對不亞於遺傳密碼 DNA，吾等只能感嘆其鬼斧神工，這就是生物中的化學。

6-2 藥物與界面活性劑

　　化學融入人們的生活已久，日常生活中有許多的化學產品可用以提升生活品質。對抗疾病與追求健康是人類社會最重要的發展方向之一，因此，醫藥化學成為化學學門中非常重要的領域，尤其是藥物的開發與應用。

　　藥物可以用來改變生物的生理行為與生化反應調節。目前普遍使用的傳統藥物打從一開始的設計，就必須貼近生物化學的原理，並且結合結構生物學的知識，藉由 X 光蛋白質結晶繞射技術，或是目前最尖端的冷凍電顯技術，完成酵素（也就是有功能的蛋白質）的結構鑑定後，依據酵素活性中心的結構及其功能的特性，設計出能夠與酵素產生交互作用的小分子藥物。再藉由化學合成的方式大量製造，才能生產數量充足的高品質藥物，讓我們得以對抗疾病。

　　目前醫藥化學已經進入蛋白質藥物（巨分子的等級）的新時代，不再侷限於小分子的化合物了。藥物生產也將以微生物基因轉殖為手段，不再侷限於化學合成。蛋白質藥物的效果可能更強大，但副作用與風險也可能提高。這些技術，都需要跨領域（化學、生物、醫學……甚至於倫理學）的學習才能完成。

6-3　環境與化學

　　工業發展扮演著時代演進的火車頭，帶領我們走向前所未有的高品質生活；沒有最方便，只有更方便。若不相信，想想你換過的手機就知道。然而我們都清楚，在不斷追求更高生活品質的過程中，人類的活動無可避免的、持續地傷害著我們的環境。化學技術的演化也導致地球環境產生明顯的改變，更直接影響了人類健康與生活。環境化學，也因此成為近代科學研究中的顯學。如果無法想像那些災難如何降臨？不妨觀賞《當洪水來臨前》這部影片，可以很快的意識到地球環境的脆弱與人類的貪婪無知。

　　是的，我們只有一個地球。地球環境中包含水、大氣及土壤等三大主角，與整個生態圈的生命現象運作緊緊相連。小到一個細胞，大到整個生態圈，都必須注重「平衡」。唯有平衡，才能讓系統長久而順暢地運作。人類活動的增加，都會破壞化學與生物性的動態平衡。比如，人類使用大量資源，就會產生大量的廢棄物（物質不滅定律）；人類大量使用能源，就會產生大量的廢熱（熱力學第二定律）……在在都會粗暴的打破地球環境中脆弱的生態平衡。

水資源

　　雖然地表 70% 為水所覆蓋，但是人類所能夠使用水資源只占地球整體水資源的 1%。水的型態如此的特別，可以在不同的溫度與壓力之下以氣／液／固三相存在。三相不斷的循環，我們才能夠持續的使用這珍貴的 1% 的水資源。

　　人類不斷地嘗試在其他的星球尋找生命的跡象。若能找到一個活跳跳的綠色外星人很好（？），但若找到非常微小的生物個體，如微生物也不賴。液態水是孕育微生物相當好的環境。若能找到液態水，都有機會找到生命可能存在的積極證據。

　　人類發展了非常多的工具，試圖有效率的利用水資源。在生活中，我們非常努力的嘗試以新穎的技術，避免在工業發展的過程之中，持續的汙染水資源。相較於過去經濟起飛期，臺灣人民已經不再有一昧追求「臺灣錢淹腳目」的心態；相反的，愛惜土地的環保意識已經根深柢固，值得大家引以為傲的。

　　喝水這件事在生活中稀鬆平常又不可避免。市面上常出現的許多瓶裝水，是方便快速又乾淨的飲用水來源。但是，像這樣的飲水包裝，除了製造許多不必要的塑膠廢棄物外，還有可能溶出塑化劑，長期飲用將會導致健康問題。鼓勵大家能夠自備適當的飲水容器來重複使用，避免使用一次即丟的瓶裝水。

大氣

地球的大氣層是約 79% 的氮氣與約 21% 的氧氣混合而成，另外還有少部分的其他氣體（如二氧化碳）。科學研究讓我們理解，維持大氣中的碳循環的平衡，是維持地球整體健康的重要因素。然而，過量的二氧化碳排放，正不斷地破壞著這一個脆弱的碳循環平衡。

二氧化碳是氧化作用的最終產物。無論是劇烈的燃燒或溫和的生物呼吸，最終都會產生二氧化碳。正常二氧化碳的排放量會被大海或植物所吸收，例如：植物會進行光合作用，讓二氧化碳再度轉換為具有能量的碳形式，提供生物食物的來源。這樣的碳循環也讓生態圈保有健康的平衡，並孕育地球的生命。但是由於人類快速的消耗長期以來儲存在地球的化石能源，大規模的氧化作用使得二氧化碳不斷的被過量釋放，導致地球原有的碳循環系統不堪負荷，已經瀕臨崩潰的邊緣。

或許唯一的希望是，巴黎氣候公約已經完成簽署，所有參與的國家都必須降低二氧化碳的排放量，以控制全球平均氣溫上升的幅度，希望來得及避免因為氣候變遷所帶來的毀滅性災難。包含美國及中國在內，全球排放二氧化碳過量的國家，都已對二氧化碳的排放量限制，採取了積極而正面的態度。（美國曾經退出，所幸目前已經重新回到巴黎氣候公約會議所達成的協議。）

　　排放過量二氧化碳所引發的氣候衝擊就是「溫室效應與全球暖化」。近年來在世界各地不斷的出現極端氣候，比如夏天特別熱、冬天特別冷、颱風超級大、洪水超級強等等。2021 年夏天，北美地區如溫哥華等城市竟然會出現 50 多度 C 的高溫熱浪侵襲；格陵蘭島冰蓋的頂峰出現了連續 3 天的異常高溫，也發生了史上第一次的降雨而非降雪；臺灣地區出現連續 2 年未有颱風登陸的紀錄，造成百年來最嚴重的旱象⋯⋯這些都是溫室效應加劇，進而造成全球暖化現象加速的證據。此外，排放過量二氧化碳還會造成「酸雨」——基本上正常雨水的酸鹼值為 5.5-6.0 之間，呈現弱酸性。但大氣的二氧化碳過量，則會溶解在雨水中，使得碳酸濃度提高，造成雨水呈現較高的酸性。高酸性的酸雨將侵蝕建築物與公共建設，並對人類的健康造成危害。

　　此外，近年來臺灣地區冬季經常發生 PM 2.5 懸浮微粒的汙染，尤其以南部地區特別嚴重，這也是工業製造所帶來的負面效應。大氣擴散條件不佳的情況下，會造成呼吸系統的傷害，大家都要特別小心，做好防護措施。

　　現代化學中如何以綠色化學的角度，改變原有的工業生產模式與開發新的生產技術，避免化學工業的發展與產品的製造造成環境汙染，進而危害地球上所有生命的健康，已經成為新一代化學人最重要的使命。真的很希望這些努力，可以來得及避免人類走向自我滅亡的道路。

跨領域素養 ▶▶ 元素週期表中間的邊緣人：稀土元素

相信在國中時期，各位同學就開始背元素週期表了吧！但有沒有覺得很奇怪，化學課本上講來講去，都是在講「凹」字形兩邊凸起來的元素成員，尤其是越左上、右上的元素們就更常被提及。認真算一算，頂多三、四十個元素會出現在化學課本中。目前已知，自然界存在 98 種元素；加上在反應爐、實驗室裡發現的，整個週期表高達 118 種（以上）；也就是說，位於週期表的中間的那一大群元素，簡直像是邊緣人一樣，鮮少受到化學課的矚目與關心。

我們今天要介紹的，就是在這一群超不起眼的邊緣人中，最重要的關鍵角色：稀土元素（rare earth element）。

稀土金屬，或稱稀土元素，是元素週期表上第 III 族之鈧（Sc, 原子序 21）、釔（Y, 原子序 39）和鑭系元素共 17 種金屬化學元素的合稱[9]。鑭系元素的原子序為 57~71，分別為：鑭（La）、鈰（Ce）、鐠（Pr）、釹（Nd）、鉕（Pm）、釤（Sm）、銪（Eu）、釓（Gd）、鋱（Tb）、鏑（Dy）、鈥（Ho）、鉺（Er）、銩（Tm）、鐿（Yb）、鎦（Lu），請不要問中文要怎麼唸，化學老師都不見得會唸，頂多記英文簡寫就可以了。

稀土之所以得名，並不是因為其「稀少」。事實上，大部分的稀土元素在地殼中

9　維基百科：稀土。

的含量算是相當豐富。比如鈰（這個元素中文名稱容易和「鈽」Pu 混淆，要注意），自然含量和銅相當接近，比金高上兩百倍。而是因為稀土的分布相當「稀疏」，很少有礦床的稀土密度夠高，值得商業開採所致；而且，即使發現有稀土礦藏，這些稀土元素常常是兩兩成對結合在一起，很難分離出來──物以稀為貴，所以叫做稀土，非常稀少且貴重。

　　稀土的應用相當廣泛，幾乎無所不包，包括：冶金、機械、電子、石油、化工、玻璃、陶瓷⋯⋯甚至太空科技、國防軍工業，都看得到稀土的身影。比如，將稀土加入鋼材，就能很顯著的提升耐磨性和抗腐蝕性，想想看，這在鑽探冶礦、極端環境下多麼有用。大型軍火商如雷神公司、洛克希德馬丁公司等，戰機、導彈中的巡航系統和傳感器，都需要稀土。蘋果公司（Apple）使用稀土生產揚聲器、鏡頭和震動裝置。[10] 你手上的 iPhone 沒有稀土就沒有用。

　　而且，在這些應用中，稀土的用量都十分微小（但不可或缺），因此，很難回收來循環再生（不划算，讓稀土更「稀」了）。所以，現在稀土成了國際高科技產業爭奪的最重要資源。世界超強的美國居然只有加州一處（值得開採的）稀土礦場，而中國卻握有全球 30% 以上的蘊藏量（集中於蒙古、東北一帶），而且，掌握了最關鍵的稀土分離技術，成為世界上最主要的稀土出口國。所以，稀土也成為了這一波美中貿易戰的關鍵議題。有人說，第三次世界大戰可能會因為稀土而開打。

10　天下雜誌、德國之聲 https://www.cw.com.tw/article/5095343

　　大家可能不知道的是，稀土在月球上的含量相當豐富。所以，前任美國總統曾經簽署過一個太空礦產的探勘開發計畫，開採包含稀土、氦 3（^{3}He，核融合反應的絕佳材料）等資源。如果計畫成功，可是人類文明的一大躍進呢！

素養題

　　臺灣是水果王國，一年四季均有豐富而多樣的水果盛產，因此，令人垂涎欲滴新鮮水果，因此，在臺灣隨處可見的手搖飲店，將新鮮水果與茶飲巧妙地結合在一起，使得水果手搖飲成為最具臺灣特色的美食之一。但是在這些甜美的含糖食物的背後，卻隱藏著相當重大的健康威脅，因此，為了維持身體健康，補充身體所需的維生素，避免過多醣類對身體的危害，我們是否應該要多喝不加糖的水果果汁或是水果手搖飲呢？

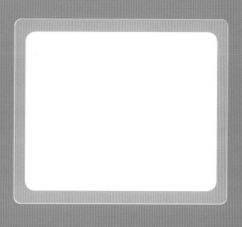

素養題參考解答

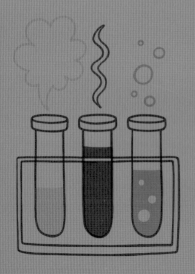

01　物質的組成

一、

1. A：固態、B：液態、C：氣態
2. 三相點，物質呈現三種狀態（固態、液態、氣態）共存
3. 60°C
4. 大氣壓力增加時，熔點及沸點皆增加；大氣壓力對沸點的影響較為顯著
5. 固態→液態；固態→液態→氣態

二、

1. 濾紙色層分析
2. 將黑色水性彩色筆更換成黑色油性彩色筆，顏色分離的情形較不明顯，原因是此實驗所使用的溶劑為水，水性彩色筆使用的色素較油性彩色筆易溶解於水中，故將使色素明顯分離
3. 綠＞黃＞紅＞紫＞藍

02　物質的形成

　　如同本書內容所述，化學鍵結是指離子或原子之間具有強烈的相互作用力，使其相互相結合在一起的力量，稱之為化學鍵。

　　共價鍵通常是由同種或不同種非金屬元素以「共用」電子（電子沒有轉移喔）達到強大的結合力，進而形成共價化合物。共價鍵存在於絕大多數非金屬單一物質、共價化合物、及某些離子化合物中。共價化合物中不會含離子鍵，因為同時具有共價鍵及離子鍵的化合物會被歸類為離子化合物。

　　離子鍵則是由物質之間（通常是金屬與非金屬原子之間）因為電子的轉移形成的陰陽離子，因兩種電性相反的離子產生靜電吸引力而形成離子鍵，例如食鹽。沒錯，離子化合物中主要是以離子鍵為主，但是當兩個離子鍵結原子間電負度差較小時，其鍵結的離子性就會不明顯並具有共價鍵結的特性，因此部分離子化合物中也具有共價鍵。

　　第三種化學鍵結為金屬鍵，主要是由金屬離子與游離電子之間的靜電吸引力所造成。而且由於游離電子可以自由移動的特性，所以金屬鍵沒有方向性且不具極性，也因此使得金屬許多物理特性與一般共價化合物或離子化合物不同。

03　物質間的反應

　　一、燃料電池可以將化學能轉換為電能，不需要一般充電電池的充電過程，只要添加所需的燃料即可產生電力的一種發電裝置。但是結合我們對於化學計量的認知，若只加入燃料：氫氣，而缺乏氧化劑：氧氣的供應，則整體的反應是不會發生的，也就是除了燃料之外，還要注意到反應式中其他反應物也需要充分供給，才能使反應發生，若單單指增加單一反應物的濃度或含量，則是無法增加化學反應產物的總量。

　　二、這個問題的重要觀念在於同學們對於「系統（system）」與「環境（Surroundings）」是否能夠有清楚的認知。對於冰塊而言，若將其定義為系統，則口腔即為環境，熱量由溫度高口腔流向溫度低的冰塊，因此對於系統而言，此一反應即為吸熱反應。反之，若是以口腔為系統，則對於口腔而言即為放熱反應。此外，在此還要提醒同學的是熱能是，由溫度高的物質流向溫度低的物質，而非由熱含量高的物質流向熱含量低的物質。

04 溶液

參考解答：

　　熱力學第二定律告訴我們宇宙間的萬事萬物均朝向最低能量以及最大的亂度發展，所以海水淡化這回事根本就是違反熱力學定律的事情。所以如果沒有賦予能量的話，海水是不會自己將鹽份濃縮而變成淡水的，反而會因為海水與純水之間的鹽濃度差異所形成的滲透壓力，使得純水中的水分子向海水測的方向移動。因此海水側的鹽濃度會降低，蒸汽壓因為鹽分的摩爾分率下降而升高，水位則會上升。純水側則因鹽分無法通過半透膜，因此鹽濃度及蒸氣壓均維持不變，而水位則會下降。

05　化學反應

一、本化學反應式屬於酸鹼反應。

二、Cu 元素符號右上角的 2+ 是指電荷數為 2+，因為電荷有正有負，所以這就是表示在這裡的 Cu 是帶有 2 個正電荷的離子。而若是將正負號寫在數字的前方，也就是寫成 +2，則代表的意義就是指氧化數，氧化數通常會出現在元素符號的正上方。電荷數是指價電子的個數，也就是元素所攜帶的電荷有幾個，而氧化數是一種假想電荷，在以共價鍵所形成的分子化合物中，鍵結電子會因為不同元素的陰電性（也叫做電負度）而使呈現化合物中的原子產生得到或失去電子的狀態，所以將正負號寫在數字的前方或後方，其代表的意義並不相同。

06　生活中的化學

參考解答：

　　醣類屬於碳水化合物，因此不論是米字邊的「糖」或是酉字邊的「醣」，其實都是碳水化合物的一種。然而大部分的碳水化合物進入人體後都會被身體內的酵素轉化為像葡萄糖這樣的單醣，使其容易被身體所利用，但是攝取過多的葡萄糖將為身體帶來過多的負擔，造成肥胖、高血脂、脂肪肝、心血管疾病及糖尿病等代謝症候群疾病。而另一種大量存在於水果中的單醣「果糖」就曾經被視為完美的替代品，果糖甜度高、容易被吸收，而且不會對體內的血糖造成太大的影響，使得果糖被賦予了具有非常健康的概念。

　　事實上，雖然以果糖代替葡萄糖能夠使體內血糖不易波動，但是正由於果糖是由肝臟負責代謝並儲存為脂肪，無法由身體其他細胞所利用，因此將會大大的增加肝臟的負擔，而且這些過多的脂肪儲存在肝臟後，將會形成所謂非酒精性脂肪肝，甚至進一步造成肝硬化及肝癌，其嚴重程度更甚於葡萄糖，因為至少葡萄糖可以被全身的細胞所代謝利用，但是果糖就如同酒精一樣，將會瘋狂的操練你的肝臟。臺灣的農業很發達，許多水果的甜度經過品種改良後均明顯的提高，由新鮮水果所打製而成的果汁，由於缺乏食用原態水果中所富含之纖維素所帶來的飽足感，容易讓人攝取過量且快速吸收。此外，臺灣的其他美食中有許多加入高果糖糖漿的食物，以提高甜度或增加食物風味，例如手搖飲料等。

　　因此，同學們需要知道的是，所有的食物其實都是具有身體所需要的養分，所以

才稱之為食物，但是一旦必要的營養素缺乏或是過量攝取，則都會造成營養不良或是身體負責代謝的器官不堪負荷，而導致嚴重的疾病。因此無論是新鮮的水果果汁或是手搖飲，任何食物或養分都需適量攝取，才能夠保持健康的身體與勻稱的體態。

國家圖書館出版品預行編目 (CIP) 資料

學測化學：承先啟後關鍵科目，自然組與社會組都要搶分！/
陳皇州，林襄廷，施百俊著.-- 初版.-- 臺北市：五南圖書
出版股份有限公司，2022.08
　面；　公分

ISBN 978-626-317-927-1(平裝)

1.CST: 化學　2.CST: 中等教育

524.36　　　　　　　　　　　　　　　　111008554

學習高手系列212

ZC1D

學測化學：承先啟後關鍵科目，自然組與社會組都要搶分！

作　　者 － 陳皇州、林襄廷、施百俊 (159.6)

發 行 人 － 楊榮川

總 經 理 － 楊士清

總 編 輯 － 楊秀麗

副總編輯 － 黃文瓊

責任編輯 － 李敏華

封面設計 － 姚孝慈

出 版 者 － 五南圖書出版股份有限公司

地　　址：106 臺北市大安區和平東路二段 339 號 4 樓

電　　話：(02) 2705-5066　　傳　　真：(02) 2706-6100

網　　址：https://www.wunan.com.tw

電子郵件：wunan@wunan.com.tw

劃撥帳號：01068953

戶　　名：五南圖書出版股份有限公司

法律顧問　林勝安律師事務所　林勝安律師

出版日期　2022 年 8 月初版一刷

定　　價　新臺幣 280 元

經典永恆・名著常在

五十週年的獻禮 —— 經典名著文庫

五南，五十年了，半個世紀，人生旅程的一大半，走過來了。
思索著，邁向百年的未來歷程，能為知識界、文化學術界作些什麼？
在速食文化的生態下，有什麼值得讓人雋永品味的？

歷代經典・當今名著，經過時間的洗禮，千錘百鍊，流傳至今，光芒耀人；
不僅使我們能領悟前人的智慧，同時也增深加廣我們思考的深度與視野。
我們決心投入巨資，有計畫的系統梳選，成立「經典名著文庫」，
希望收入古今中外思想性的、充滿睿智與獨見的經典、名著。
這是一項理想性的、永續性的巨大出版工程。
不在意讀者的眾寡，只考慮它的學術價值，力求完整展現先哲思想的軌跡；
為知識界開啟一片智慧之窗，營造一座百花綻放的世界文明公園，
任君遨遊、取菁吸蜜、嘉惠學子！